Arnold Kowalewski

Kritische Analyse von Arthur Colliers Clavis universalis

Arnold Kowalewski

Kritische Analyse von Arthur Colliers Clavis universalis

ISBN/EAN: 9783743429024

Hergestellt in Europa, USA, Kanada, Australien, Japan

Cover: Foto ©Thomas Meinert / pixelio.de

Manufactured and distributed by brebook publishing software (www.brebook.com)

Arnold Kowalewski

Kritische Analyse von Arthur Colliers Clavis universalis

Kritische Analyse
von Arthur Colliers Clavis universalis.

Inaugural-Dissertation

der

hohen philosophischen Fakultät der Universität Greifswald

zur Erlangung der Doktorwürde

vorgelegt

und nebst den beigefügten Thesen

Dienstag, den 30. März 1897

mittags 12 Uhr

öffentlich verteidigt

von

Arnold Kowalewski

aus Sallewen.

Opponenten:

Herr Karl von Plessen, cand. math.

„ Johannes Sass, cand. theol. et phil.

„ Gerhard Kowalewski, stud. math.

Greifswald.

Druck von F. W. Kunike.

1897.

Meinen lieben Eltern

in Dankbarkeit gewidmet.

Arthur Collier ist neben seinem berühmten Landsmann und Geistesverwandten George Berkeley in der philosophischen Welt wenig beachtet worden. Seine von ihm 1713 herausgegebene Hauptschrift „Clavis universalis: or a new inquiry after truth, being a demonstration of the nonexistence or impossibility of an external world" enthält nach dem eigenen Zeugnis ihres Verfassers Gedanken, die er schon zehn Jahre vor der Veröffentlichung concipiert hatte. (Vgl. Eschenbach, Sammlung der vornehmsten Schriftsteller, die die Wirklichkeit ihres eigenen Körpers und der ganzen Körperwelt leugnen, Rostock 1756, pag. 308, Parr, Metaphysical tracts by english philosophers of the eighteenth century, London 1837, pag. 1.) Abgesehen von diesem historischen Umstande, der eine direkte Anlehnung an Berkeley unwahrscheinlich macht, wird jeder unbefangene Leser bei Collier einen durchaus systematischen Zug finden, der bei seinem grossen Zeitgenossen weniger hervortritt, weshalb ihm neben diesem eine selbständige Bedeutung nicht abgesprochen werden kann. Beide stehen ausserdem insofern auf gleicher Stufe, als sie, wie die englischen Idealisten jener Zeit überhaupt, ihre wesentliche Anregung Malebranches „de la recherche de la vérité" verdanken, was z. B. Lyon in seiner Abhandlung „Un idéaliste anglais au XVIII⁰ siècle" (Revue philosophique, X, 1880, pag. 376) besonders hervorgehoben hat.

Ich habe in vorliegender Arbeit den Versuch gemacht, Colliers Clavis universalis nach ihrem Inhalt zu analysieren und kritisch zu würdigen. Zwar hat Lyon in der oben genannten Abhandlung sich eigens mit Arthur Collier beschäftigt und dabei auch eine kurze Analyse der Hauptschrift desselben mit einzelnen kritischen Bemerkungen gegeben. Seine Analyse kann jedoch wegen ihrer Ungenauigkeiten, Missverständnisse und mangelhaften Kritik nicht als befriedigend bezeichnet werden. Auch Eschenbach hat ja schon in der oben erwähnten „Sammlung" zu Colliers „allgemeinem Schlüssel" widerlegende Anmerkungen geliefert, die aber, wie der Verfasser selbst in der Vorrede gesteht, weniger gründlich und vollständig sind als die zu Berkeleys „Gesprächen zwischen Hylas und Philonous", die die erste Stelle in der „Sammlung" einnehmen. Deshalb dürfte eine erneute kritische Analyse der Clavis universalis nicht überflüssig sein.

Formulierung des in der Clavis universalis zu beweisenden Satzes mit erläuternden Festsetzungen.

§ 1. Das Problem, mit welchem sich Collier in seiner Schrift beschäftigt, spricht er selbst so aus: „Giebt es eine ausser uns daseiende Welt (external world)?" (Vgl. Eschenbach*), a. a. O. p. 308, Parr, a. a. O. p. 1.) Seine nächste Aufgabe besteht in einer genaueren Fixierung der einzelnen Begriffe, welche in jener Frage enthalten sind. Diese Fixierung muss um so mehr von uns beachtet werden, als sie für eine Kritik aller weiteren Entwickelungen und Beweise der Clavis universalis den unentbehrlichen Massstab bietet. Sie besteht in folgenden Festsetzungen.

„Welt" soll „Körper, Ausdehnung, Raum, Materie, Grösse

---

*) In den Citaten aus Eschenbach habe ich mir vielfach Modernisierung veralteter Schreibweisen und Berichtigung von Inkorrektheiten erlaubt.

und dergl." bedeuten. Das Dasein ausser uns, welches der Welt nach der gewöhnlichen Meinung als Bestimmtheit beigelegt wird, ist dahin zu verstehen, dass eine solche äussere Welt „für sich daseiend, unabhängig, ausser den Gedanken wirklich" sei, „wirklich da wäre, wenngleich kein einziges denkendes Wesen sie sich vorstellte und dergl." (Vgl. Eschenbach, a. a. O. pag. 309, Parr, a. a. O. p. 2.) In diesem Sinne wird nun von Collier, was er als zu begründende These vorläufig mitteilt, der Körperwelt das äussere Dasein abgesprochen. Die Verneinung der äusseren Wirklichkeit wird näher dahin erklärt, dass jedes materielle Ding „in der Seele, in den Gedanken oder Vorstellungen da sei oder von der Seele abhänge und in ihr hervorgebracht werde, und dass es kein anderes Dasein haben könne." (Vgl. Eschenbach, a. a. O. pag. 310, Parr, a. a. O. pag. 2.) Das Dasein der Körper „in der Seele" kann man sich, wenn nach dem Wie gefragt wird, entweder nach Art der Existenz einer Eigenschaft in einer Sache denken oder auch in der Weise, wie ein Körper notwendig in einem Orte sein müsse. Die beste Auffassung des in Frage stehenden Verhältnisses soll jedoch die sein, dass man darunter das Dasein in dem Vorstellungsvermögen versteht und dabei, wenn man den Sinn der Lehre Colliers am genauesten treffen wolle, an Sachen denkt, „die man zwar sieht, wovon man aber weiss, dass sie nicht da sind, z. E. die man im Spiegel sieht, oder die unsinnige, aberwitzige, entzückte Leute sich vorstellen." (Vgl. Eschenbach, a. a. O. p. 312, Parr, a. a. O. p. 3.)

Im Anschluss an die vorläufige Aufstellung der im folgenden zu begründenden These werden noch mehrere missverständliche Ausdeutungen derselben abgewiesen.

1) Es soll mit der Leugnung einer „äusseren Welt" durchaus nicht die „Wirklichkeit" (the existence) der Körperwelt angezweifelt werden. Die Leugnung bezieht sich ja nur

auf die „Wirklichkeit ausser den Gedanken" (the extraexistence).

2) Die sichtbare Welt soll ganz in Übereinstimmung mit der gewöhnlichen Ansicht als aussen daseiend vorgestellt werden. „Ich glaube mit völliger Überzeugung", so bemerkt Collier hierbei in einer fast an Kants Transcendentalismus anklingenden Wendung, „dass diese scheinbare oder sozusagen quasi äussere Wirklichkeit der sichtbaren Dinge (quasi externcity of visible objects) nicht nur eine Wirkung des göttlichen Willens sei ..., sondern dass sie auch eine natürliche und notwendige Bedingung ihrer Sichtbarkeit (a natural and necessary condition of their visibility) sei; ich will damit sagen, dass, wenn man annähme, Gott machte eine Welt oder ein sichtbares Ding wirklich, das aber keine äussere Wirklichkeit hätte, doch dies Ding eben deswegen, weil es gesehen würde, einem jeden vorkommen müsste, als ob es wirklich ausser ihm da wäre, so wie uns jetzt die körperlichen Dinge in dieser sichtbaren Welt vorkommen." (Vgl. Eschenbach, a. a. O. p. 313/14, Parr, a. a. O. p. 4/5.)

3) „Dass alle körperlichen Dinge in mir, in meinen Vorstellungen ihr Dasein haben", darf nicht zu der verkehrten Auslegung führen, die Collier, wie er bemerkt (vgl. Eschenbach, a. a O. p. 314, Parr, a. a. O. p. 5), häufig erfahren hat, als müssten alle Körper in meinem Leibe enthalten sein.

4) Das Dasein „in der Seele" soll nicht etwa besagen, dass die materielle Welt von der Seele hervorgebracht würde. „Seele" soll hier näher das „Vorstellungsvermögen" bedeuten, das vom Willen unterschieden wird.

5) Die Welt, die ich sehe, hat wohl äusseres Dasein in Bezug auf eine andere Seele, was in keiner Weise bestritten werden soll. Ja, wenn z. B. zwei oder mehr Leute, wie man sagt, dasselbe hören, so ist es in Wahrheit doch nicht

eben dasselbe; denn was der eine hört, ist ausser den Seelen der anderen.

6) Es soll nicht behauptet werden, dass jegliches materielle Ding nur in erschaffenen Geistern existieren könne. Vielmehr ist das Dasein unendlich vieler Welten auch ohne eine einzige erschaffene Seele möglich. „Denn", sagt Collier (vgl. Eschenbach, p. 316/317, Parr, p. 6/7), „gleichwie in der That tausend und viele tausend Welten sind; so behaupte ich, dass es ein All oder eine körperliche Welt gebe, die von allen übrigen Welten, die in den Gedanken der endlichen Geister ihr Dasein haben, numerisch verschieden ist. Ich meine die Welt, die in dem göttlichen Gedanken ist, dem grossen Gedanken der erschaffenen (oder besser zweimal erschaffenen) Welt, durch welchen alle Dinge gemacht sind; oder (wie ich schicklicher hier reden kann), durch welchen der grosse Gott die Gedanken in allen erschaffenen Geistern hervorbringt, und durch welchen alle Dinge, die an sich nichts sind, erhalten und geordnet werden, als wenn sie da wären."

§ 2. Kritik. Will man die im obigen dargelegten Festsetzungen und Erklärungen nach ihrer eigentlichen Bedeutung erfassen, so ist eine Erörterung der termini „ausser" und „in" unbedingt erforderlich. Nur dann wird man auch mit zureichender Sicherheit die Frage beantworten können, ob schon die Voraussetzungen der ganzen Theorie Colliers Widersprüche enthalten oder nicht.

A ist ausser B, kann in vierfachem Sinne verstanden werden, nämlich
    a. in räumlichem Sinne,
    b. in zeitlichem Sinne,
    c. in begreiflichem Sinne,
    d. in kausalem Sinne.

Dem korrespondiert
a. räumliches, b. zeitliches,
c. begriffliches, d. kausales
Enthalten-sein, wonach in ebenso vielfacher Bedeutung ausgesagt werden kann, dass A in B ist.

Die erste Bedeutung des „ausser" und „in", die den ursprünglichen Wortsinn bildet, bedarf keiner weiteren Erläuterung: sie ist durch die Raumanschauung selbst in unzweideutiger Weise gegeben.

Dasselbe gilt von der zweiten Bedeutung; denn die bekannte Symbolisierung der Zeit durch eine gerade Linie, wodurch die ohnehin schon naheliegende Analogie mit räumlichen Verhältnissen noch verstärkt wird, lässt ein In und Ausser in Bezug auf ein Zeitintervall ganz klar unterscheiden.

Dass das räumliche Ausser kein zeitliches Ausser fordert und umgekehrt, ist allbekannt. Dasselbe Verhältnis besteht zwar nicht zwischen dem räumlichen und zeitlichen In, was aber im folgenden nicht in Betracht kommt.

Wenn A in begrifflichem Sinne ausser B ist, so besagt dies, dass beide mehr oder weniger vollständig nach ihren Begriffsinhalten differieren. Die Bezeichnung „ausser" ist hier natürlich auf eine räumliche Veranschaulichung begrifflicher Relationen zurückzuführen. Wir können in diesem Sinne mit gutem Recht erklären, das z. B. das Gewässer, das wir sehen, ausser dem optischen Wahrnehmungsinhalte existiere, indem das empirische Dasein des Gewässers damit keineswegs erschöpft ist, dass es gesehen wird, sondern vor allem noch durch Daten des Druck- u. Temperatursinnes konstituiert wird.

Dass das begriffliche Ausser besonderer Art ist, erhellt schon daraus, dass es, wie der oben angeführte Fall deutlich zeigt, durchaus nicht ein räumliches oder zeitliches Ausser in sich schliesst. Denn das „wirkliche Ding", welches ausser der Gesichtswahrnehmung existieren soll, wird mit derselben gleichzeitig und an dem nämlichen Orte gedacht. Umgekehrt kann zwischen A und B das Verhältnis des räumlichen Ausser bestehen, ohne ein begriffliches Ausser zu fordern. Man denke an zwei sonst in allen Bestimmungsstücken ganz gleiche Kugeln! Auch in zeitlicher Beziehung kann A ausser B gedacht werden, während zwischen beiden begrifflich vollkommene Identität bestehen kann. So sind wir z. B. oft gewiss, dass der Wahrnehmungsinhalt, den wir in diesem Augenblicke gegeben haben, auch ausserhalb dieses bestimmten Wahrnehmungsaktes identisch Bestand habe. Worauf sich diese Gewissheit stützt, wollen wir hier nicht weiter erörtern. Man würde dabei jedenfalls auf das Kausalitätsprincip rekurrieren müssen. Es genügt für unsern Zweck vollkommen, die besondere Bedeutung des begrifflichen Ausser im Verhältnis zu dem räumlichen und zeitlichen Ausser auf diese Weise festgestellt zu haben.

Im Gegensatz zu dem begrifflichen Ausser enthält das begriffliche In eine begriffliche Coincidenz. So kann man z. B. sagen, dass die Hallucination nur in der Vorstellung des Hallucinanten ist, weil der hallucinierte Inhalt und der betreffende abnorme Vorstellungsprocess einander begrifflich decken, ersterer nichts ausser letzterem ist.

Die Beziehungen des begrifflichen In zu dem räumlichen und zeitlichen In sind der Sache nach schon eben bei Besprechung ihrer Gegensätze bemerkt worden: man braucht daselbst nur statt „nicht ausser" das entsprechende „in" einzusetzen.

Ist B in kausalem Sinne ausser A, so bedeutet dies, dass mit Setzung des A keineswegs B gesetzt ist. Alles andere hingegen (etwa C, D u. s. w.), was mit Setzung des A auftritt, können wir als kausal in ihm enthalten bezeichnen. Am geläufigsten ist uns dieses Ausser und In bei unseren sogenannten willkürlichen Handlungen. Wir reden von dem, was in unserer Macht steht, und dem, was ausser unserer Macht steht. Nur das erstere kann unser Willensinhalt sein, und so darf man auch sagen, dass alles, was kausal in dem handelnden Ich liegt, mit dem Inbegriff seiner möglichen Willensinhalte identisch ist. Natürlich wird sich dieser Inbegriff möglicher Willensinhalte mit der Erkenntnisstufe überhaupt und unter speciellen psychologischen Bedingungen ändern. Aber mag auch eine nähere Angabe des Was hierbei schwankend sein, dass faktisch in dieser Beziehung ein eigenartiges Ausser und In besteht, ist jedenfalls unbestreitbar. Die Sonderstellung dieses Ausser gegenüber dem begrifflichen Ausser zeigt sich darin, dass z. B. eine freudige Stimmung, die uns gegenwärtig erfüllt, oft von dem Bewusstsein der Machtlosigkeit unsrerseits begleitet ist: nicht nur wissen wir genau, dass diese Stimmung von unserm Willen nicht herbeigeführt worden ist, sondern auch, dass wir sie weiterhin beliebig lange zu erhalten nicht imstande sind.

Wir haben hier also einen unmöglichen Willensinhalt, der zum kausalen Ausser gehört, in begrifflichem Sinne aber doch in dem betreffenden Bewusstseinsindividuum ist, insofern sein Erlebtwerden das Wesen dieses besonderen Individuums mitkonstituiert. Andererseits steht es in vielen Fällen in meiner Macht, einem andern Individuum Freude oder Leid zu bereiten. Dabei ist dann natürlich Freude oder Leid des andern als mein Willensinhalt in mir in kausalem Sinne, zugleich aber als eben zum fremden individuellen Wesen gehörig begrifflich ausser mir.

Eine Abgrenzung des kausalen Ausser und In gegenüber dem räumlichen und zeitlichen ist überflüssig, weil diese unmittelbar als disparat erkannt werden. Soviel steht jedenfalls fest, dass die erörterten vier verschiedenen Bedeutungen von Ausser und In wohl zu unterscheiden sind. Man darf nicht von einem Bedeutungsgebiet auf ein anderes überspringen und etwa schliessen: A ist nicht ausser B (sc. in einer der vier Bedeutungen), also ist A in B (sc. in einer anderen Bedeutung). Denn es fehlt hier die logische Beziehung, die einen solchen Übergang von einem Gebiete zum andern rechtfertigen könnte. Sehen wir zu, in welchem Sinne Collier die Existenz einer äusseren Welt bestreitet, und wie sich dazu seine sonstigen Voraussetzungen verhalten.

Nach seiner Ansicht ist die körperliche Welt nur eine „in der Seele, in den Gedanken und Vorstellungen" vorhandene. Wie dies zu verstehen sei, erläutert er durch die drei Analogien des Enthaltenseins der Eigenschaft in einem Dinge, des Körpers in einem Orte und der ausschliesslich im Subjekt existierenden Spiegelbilder und Wahnvorstellungen. In unsrer Terminologie ausgedrückt, besagt die erste Analogie ein begriffliches In. Die zweite Analogie ist gleichfalls in begrifflichem Sinne aufzufassen, da Collier an der betreffenden Stelle von der Notwendigkeit der örtlichen Bestimmtheit redet, die als solche natürlich zum Wesen des Körpers zu rechnen ist. Am deutlichsten aber und, wie der Autor selbst erklärt, am zutreffendsten ist die dritte Analogie, die offenbar wieder Beispiele eines begrifflichen In bietet. Denn das Dasein der Spiegelbilder z. B. ist mit ihrem Gesehenwerden, d. h. dem optischen Wahrnehmungsinhalte vollkommen identisch.

Wir dürfen es daher als Colliers eigentliche Meinung bezeichnen, dass in begrifflichem Sinne die Körperwelt nur in, nicht ausser der Seele existiert. Bestätigt wird dies durch die sub 3) und 4) im vorigen Paragraphen mitgeteilten Bemerkungen, wonach die perverse räumliche Ausdeutung, als ob das Enthaltensein der Welt in der Seele wie das eines Körpers in einem andern zu denken wäre, ebenso zurückgewiesen wird, wie die Ansicht, dass die Welt von der Seele kausal hervorgebracht werde. Hierdurch wird sowohl der räumliche als der kausale Sinn des In ausgeschlossen. Damit tritt Collier nicht etwa in Widerspruch, wenn er ibidem sub 2) (woselbst die transscendentale Bedeutung der Raumanschauung mit frappanter Klarheit ausgesprochen wird) das scheinbare äussere Dasein der Körperwelt anerkannt und als solches festhalten will: denn dort kann doch die Körperwelt nur zu meinem Leibe in räumlichem Verhältnisse gedacht werden. Dennoch enthält die Bezeichnung der räumlichen Relation der Körperwelt als eines scheinbaren äusseren Daseins eine Unklarheit. Was soll denn im Gegensatz hierzu das wahre äussere Dasein besagen? Wir müssen uns diese Unterscheidung zwischen scheinbarem und wahrem äusserem Dasein verständlich machen, da sie uns sogleich im nächsten Abschnitt in bedeutsamer Weise entgegengetreten wird. Sie ist ohne Zweifel auf eine Vermengung zweier verschiedener Sinne des Ausser zurückzuführen. In räumlichem Sinne ist die sichtbare Welt zweifellos ausser meinem Leibe, und es liegt kein Grund vor, wenn man bei dieser Betrachtungsweise bleibt, von einem Schein zu reden. Ein Schein entspringt erst dann, wenn man statt des Leibes als Glied der gedachten räumlichen Relation die einer solchen Relation überhaupt unfähige Seele supponiert, was nur durch eine Verdinglichung der Seele möglich ist. Es kann in Wahrheit lediglich von einem begrifflichen Enthaltensein der sichtbaren Welt in der Seele oder genauer in der Vorstellung die Rede sein, und den Gegensatz hierzu meint Collier gewiss mit dem äusseren Dasein, das er leugnet. Wer die verschiedenen Bedeutungen des Ausser auseinanderzuhalten weiss, wird solch eine Entgegensetzung von scheinbarem zu wahrem äusseren Dasein, wobei das äussere Dasein nicht beidemal in demselben Sinne gemeint ist, nicht gelten lassen. Die Auszeichnung der einen Art des äusseren Daseins durch das Prädikat „wahr" ist dabei reine Willkür.

Die Möglichkeit einer zeitlichen Deutung des In, die eine Präexistenz und Postexistenz der Welt in Bezug auf die Seele ausschliessen würde, bliebe allein noch zu diskutieren. Wir können aus dem sub 6) im vorigen § Bemerkten entnehmen, dass Collier thatsächlich die Existenz einer materiellen Welt in Gott vor der Erschaffung der endlichen Geister anerkennt, diese Welt aber für nicht numerisch identisch mit den Welten der endlichen Geister erklärt. Jedenfalls ist damit eine Präexistenz der Welt für einen endlichen Geist sensu strictissimo geleugnet. Denn eine solche würde numerische Identität der präexistierenden Welt mit der gegenwärtigen fordern, was hier von Collier ausdrücklich in Abrede gestellt wird. So scheint also die Coexistenz der Körperwelt mit der sie vorstellenden Seele, d. h. der Ausschluss eines zeitlichen Ausser der beiden, Colliers Meinung zu sein.

Wir haben schliesslich noch einer sub 5) im vorigen § mitgeteilten Erklärung zu gedenken, die besondere Schwierigkeit zu bieten scheint. Collier erkennt nämlich äusseres Dasein der Welt einer Seele in Bezug auf die andere an und geht sogar so weit, zu behaupten, dass auch das sogenannte Identische, das verschiedene Seelen percipierten, doch streng genommen nicht dasselbe wäre. In welchem Sinne ist hier das äussere Dasein gedacht? Wir können es nur in begrifflicher Bedeutung verstehen, und doch spielt dabei die räumliche Vorstellung in unklarer Weise hinein. Thatsächlich liegt uns hier eine unzweideutige Limitation der Leugnung des begrifflich äusseren Daseins der Körperwelt vor, die geradezu einen Widerspruch enthält. Schien es oben Colliers Ansicht zu sein, dass die sichtbare Welt in ihrem Gesehenwerden aufgeht, d. h. begrifflich mit ihm identisch oder begrifflich nicht ausser ihm ist, wobei immer an die Einzelseele als Subjekt des Sehens gedacht wurde, so kommt an dieser Stelle der Gedanke zum Vorschein, dass doch auch dasselbe von vielen Seelen percipiert werden könnte. In diesem Gedanken liegt nun an sich kein Widerspruch. Vielmehr ist dies gerade Colliers Fehler, dass er in demselben einen Widerspruch erblickt und ihn durch Leugnung jeder möglichen Identität von gewissen Bewusstseinsinhalten mehrerer Bewusstseinsindividuen zu beseitigen sucht. Gerade dadurch tritt der gefürchtete Transscensus nur noch schroffer hervor. Wie ist das Wissen von anderen Seelen möglich, das unser Autor doch offenbar verrät? Die anderen Seelen mit ihren Welten sollen doch so gänzlich ausser mir sein, dass keine vermittelnden Identitäten bestehen. Ich müsste also hier ein unerkennbares Dasein, ein begriffliches „ausser meinem Bewusstsein" im strengsten Sinne annehmen, während doch Collier selbst solch ein Ausser (in Bezug auf die sichtbare Welt) nicht zulassen will. Er hätte sich klar machen sollen, dass sehr wohl verschiedene Bewusstseinsindividuen identische Bestandteile in ihren Bewusstseinsinhalten ohne eine Vorvielfältigung des Identischen haben können. Nur wenn man inkonsequenter Weise von dem begrifflichen Sinn des In abspringt und das Verhältnis räumlich denkt, erscheint das unmöglich. Denn räumlich kann allerdings nicht ein und dasselbe in verschiedenen dislocierten Dingen gleichzeitig enthalten sein. Ist dagegen 1 in zwei verschiedenen Bewusstseinen identisch enthalten, in dem einen zusammen mit dem psychologischen Ergänzungsstück c_1, in dem andern zusammen mit c_2, so kann nur der eine Veroppelung von 1 behaupten, der bei dem I als solchem heimlich die verschiedenen c_1 und c_2 mitdenkt: denn, dass die Complexe (Ic_1) und (Ic_2) verschieden sind, liegt auf der Hand. Es handelt sich aber gerade um 1 selbst unter Abstraktion von den psychologischen Ergänzungsstücken, die durch den sonstigen Inhalt der verschiedenen Individuen gebildet werden, und dann ist die numerische Identität des I unbestreitbar, da jede Unterscheidbarkeit der angeblichen beiden I ausgeschlossen ist. Wer noch daran zweifelt, ob, wenn zwei Individuen nach ihrer Meinung denselben Gegenstand fixieren, dieser seine Ortsbestimmtheit wirklich identisch behält, muss konsequent auch überhaupt die Coincidenz der Raumanschauung verschiedener Individuen in Frage stellen: und doch ist eine solche Coincidenz unleugbar vorhanden, denn alle Differenz besteht nur in einer verschiedenen Concentration des einen Raumes, indem für jeden sein Leib das Anschauungscentrum bildet. Um zu den obigen Symbolisierungen partiell identischer Bewusstseinsinhalte verschiedener Individuen zurückzukommen, so ist, unter alleiniger Voraussetzung von (Ie_1) und (Ie_2), (Ie_1) ausschliesslich in der einen Seele, (Ie_2) in der andern, das I als solches ist begrifflich ausser in Bezug auf (Ie_1) und (Ie_2), weil es inhaltlich in keiner der beiden Komplexionen aufgeht oder, anders ausgedrückt, weil sein Sein damit nicht erschöpft ist, dass es von einer Seele in ihrem Bewusstseinsinhalte, (Ie_1) oder (Ie_2), gewusst wird.

Man könnte vielleicht geneigt sein, dieses Ausser des mehreren Individuen gemeinsamen Bewusstseinsinhaltes in Bezug auf je ein individuelles Bewusstsein als besondere Art gegenüber dem begrifflichen Ausser aufzufassen. Das für das begriffliche Ausser geltend gemachte Beispiel, wonach der sogenannte wirkliche Gegenstand ausser seinem optischen Wahrnehmungsinhalte sei, insofern noch Daten anderer Sinnesgebiete zu seinem Wesen gehörten, zeigt in der That ein umgekehrtes Verhältniss als der in Rede stehende Fall. Dort war etwas Inhaltsreicheres ausser etwas Inhaltsärmerem, hier ist etwas Inhaltsärmeres ausser etwas Inhaltsreicherem. Trotzdem findet man beiderseits das allgemeine formale Kriteri um des begrifflichen In und Ausser, nämlich inhaltliche Coincidenz und Nichtcoincidenz. Die Verschiedenheit der Reflexion bringt jedoch in den beiden gedachten Fällen einen bedeutsamen Unterschied mit sich, der durchaus nicht bestritten werden soll und eine besondere Bezeichnung verdient. Wir können uns das Verhältnis am klarsten machen, wenn wir an das Beispiel eines gesehenen Gegenstandes denken. Da derselbe Gegenstand von vielen zugleich gesehen werden kann, so ist sein optischer Wahrnehmungsinhalt ausser dem individuellen Bewusstsein im Sinne des Identischen der Bewusstseinsinhalte verschiedener Individuen, andererseits dürfen wir mit Recht behaupten, dass das gesehene Ding (wie wir es bisher einfach nannten) „begrifflich ausser" dem optischen Wahrnehmungsinhalte ist. Man kann die materiale Eigenart und formale Verwandtschaft dieser beiden Typen des Ausser wohl passend dadurch ausdrücken, dass man den ersten als das begriffliche Ausser der psychologischen Reflexion, den zweiten als das begriffliche Ausser der erkenntnistheoretischen Reflexion bezeichnet. Dass diese beiden Arten des begrifflichen Ausser keineswegs coincidieren, ersieht man deutlich aus dem Beispiel des Spiegelbildes: Das Spiegelbild ist, insofern es von vielen zugleich gesehen werden kann, begrifflich ausser dem individuellen Bewusstsein im Sinne der psychologischen Reflexion und zugleich der vermeintlich in ihm erblickte wirkliche Gegenstand begrifflich in dem optischen Wahrnehmungsinhalt im Sinne der erkenntnistheoretischen Reflexion. Präcisieren wir nun kurz noch einmal die These Colliers, indem wir die eben gemachte Unterscheidung berücksichtigen: Offenbar lässt Collier die Körperwelt ausschliesslich in der Einzelseele existieren, und zwar muss man darunter vor allem ein begriffliches In im psychologischen Sinne verstehen, da ja auch, was als identisch in dem Bewusstsein verschiedener Seelen bezeichnet wird, niemals numerisch identisch sein soll. Ebenso klar aber ist auch, dass die sichtbare Welt als in dem optischen Wahrnehmungsinhalt des Einzelbewusstseins schlechthin aufgehend gedacht wird, wobei also das In begrifflich im Sinne der erkenntnistheoretischen Reflexion aufzufassen ist. Wie stimmt hierzu die Behauptung anderer Seelen ausser mir, wenn jenes In der psychologischen und erkenntnistheoretischen Reflexion konsequent aufrecht erhalten wird? Wir können nicht umhin, einen offenkundigen Widerspruch in den Voraussetzungen zu konstatieren, die, wie wir sahen, auch sonst nicht frei von Unklarheiten sind.

§ 3. Nach diesen näheren positiven und negativen Bestimmungen, die wir soeben kritisch beleuchtet haben, wird die Hauptthese, die Verneinung des äusseren Daseins der Körperwelt in der Weise entwickelt, dass zunächst für die Nichtexistenz einer äussern sichtbaren Welt, sodann für die Unmöglichkeit einer äussern angeblich unsichtbaren Welt Argumente angeführt werden. Damit sind die beiden Hauptteile der Schrift deutlich fixiert. An jeden dieser Hauptteile reihen sich noch anhangsweise Erörterungen über gegnerische Einwürfe an. Ein Schlussabschnitt hat den Nutzen und die Folgerungen aus der Abhandlung zum Thema. Gehen wir auf die Ausführung dieses Planes im einzelnen genauer ein.

I. Hauptteil:
Nachweis der Nichtexistenz einer äusseren sichtbaren Welt.

§ 4. Der „erste Schritt" (the first step) im ersten Hauptteil besteht in dem Versuch zu zeigen, dass das scheinbare äussere Dasein (the seeming externeity) eines sichtbaren äusseren Dinges kein Beweis für seine Wirklichkeit „ausser den Vorstellungen" (the real externeity) sei. (Vgl. Esch. 322 ff., Parr 10 ff.) Zu diesem Zwecke werden Beispiele von Dingen herangezogen, die eingestandenermassen nicht ausser uns existieren, „ob sie uns gleich ausser uns da zu sein so gut vorkommen, als irgend eine andere Sache." Solcher Beispiele macht Collier zwei besondere Arten geltend:

1) Dinge, die wirklich als ausser uns sehr oft vorgestellt werden (actuals), ob sie gleich, wie jeder zugeben muss, nicht ausser uns sind,

2) Dinge, die wir uns in der Einbildungskraft vorstellen können (possibles), „als ob es ausser uns daseiende Dinge wären."

Die letztere Art wird zuerst behandelt. Zwei specielle Fälle werden hierbei vorgeführt. Der Centaur, der nur in der Einbildungskraft existiert, wird zuerst genannt. „Ein Apelles kann sich dieses Fabelwesen hinreichend deutlich vorstellen, so dass er seine Gestalt mit dem Pinsel zu entwerfen imstande ist." Nun erscheint dem Künstler der Centaur aber ebenso gut ausser seiner Seele wie jeder andere sichtbare Gegenstand. Dies wäre also ein Beispiel der verlangten Art. Der naheliegende Einwand, dass doch ein wahrnehmbares Ding hätte namhaft gemacht werden sollen und nicht ein blosses Ding der Einbildung, führt zu einer ergänzenden Betrachtung. Man kann sich eine Vorstellung der Einbildung in ein wirklich sichtbares Ding verwandelt denken. Dazu ist nicht erforderlich, dass die Allmacht einen ausser der Seele daseienden Centaur erschaffe. Denn der einzige Unterschied zwischen einem wirklichen sichtbaren Dinge und dem, das wir uns „durch Hilfe der Erdichtung" vorstellen können, besteht darin, „dass wir das letzte nicht mit derjenigen Lebhaftigkeit, die wir Farbe nennen, wahrnehmen." Treten also die Farben zu dem dunkeln Centaur hinzu, — und Gott könnte ja der Seele solche Kraft verleihen, dass ihre Vorstellung immer lebhafter und lebhafter wird — so haben wir ein sichtbares Ding. Trotzdem „ist es doch noch das vorige Ding und ebenso wenig ausser der Seele da als vorhin." (Parr 13, Esch. 327). Das zweite

Beispiel betrifft ein sonst oft sinnlich wahrnehmbares Ding. Man kann sich nämlich „bei geschlossenen Augen oder am hellen Mittag den vollen Mond vorstellen." Der Mond existiert in der Seele des Vorstellenden unabhängig von jeglichem Dasein äusserer Dinge. Würde, wie im vorigen Fall, angenommen, dass Gott auf die betreffende Seele einwirkte, so könnte derselben die Vorstellung endlich so lebhaft erscheinen als der wirkliche Mond am Himmel.

Die zweite Art von Beispielen bezog sich, wie oben bemerkt wurde, auf Dinge, die wir sehr oft wirklich als ausser uns vorstellen, obschon jeder zugeben muss, dass sie nicht ausser uns sind. Hiervon bringt Collier sechs vor.

1) Das erste Beispiel ist entlehnt von den Sinnesobjekten mit Ausschluss der Qualitäten des Gesichtssinnes. Diese Sinnesobjekte existieren anerkanntermassen nur in der Seele, und doch kommen sie uns wie äussere Dinge vor. Besonders wird die auch sonst häufig erwähnte Erfahrung betont, dass jemand in einem Leibesglied, das er verloren hat, Schmerzen empfindet.

2) Das Licht und die Farben sind ein zweites Beispiel. An diesem Punkte macht Collier eine polemische Bemerkung gegen die Cartesianer, welche eine äussere Existenz der Körper selbst behaupten, während sie die Eigenschaften der Körper, die Farbe und das Licht, bloss in der Seele bestehen lassen. Er beanstandet eine solche Abtrennung der Eigenschaften, „deren Wesen einzig darin besteht, dass sie in den Dingen ihr Dasein haben." (Parr 15, Esch. 331.)

3) Hallucinationen, Wahnvorstellungen und Illusionen,

4) ferner die Visionen der vom heiligen Geist erleuchteten Männer bilden Instanzen verlangter Art.

5) Das Doppeltsehen bietet Fälle scheinbar äusserer und zugleich als unmöglich erkannter Existenz, da der eine unter den doppelt gesehenen Gegenständen in Wirklichkeit nicht da ist.

6) Die Spiegelbilder, welche ausser uns da zu sein scheinen, sind nicht identisch mit den entsprechenden Gegenständen, die ich ausser dem Spiegel sehe. Denn das ist eine Unmöglichkeit, die aus vielen Gründen erhellt. Sollen diese Spiegelbilder ausser der Seele des Sehenden sein, so ist zu fragen, wo sie denn sind. Dass sie in dem Spiegel existieren, ist unglaublich. Dasselbe gilt von der Annahme, dass sie im Auge ihr Dasein hätten. Am annehmbarsten und klarsten ist nach Collier die Entscheidung, dass die Dinge, welche man im Spiegel sieht, „nicht ausser der Seele und dem Empfindungsvermögen des Sehenden da sind." (Parr 19, Esch. 335).

§ 5. Kritik des ersten Schrittes. Ueber die logische Berechtigung, ein scheinbares und ein wahres oder reales äusseres Dasein zu unterscheiden, wurde schon § 2 von uns gehandelt. Die irritierende Distinction beruht, wie wir dort zu zeigen suchten, in ihrem Grunde auf einer ungenügenden Klarheit über die verschiedenen Bedeutungen der termini „ausser" und „in". Wir können in dem „ersten Schritt" nur eine spezielle Bestätigung dieser unserer Aufstellung finden. Dass ein vorgestellter Vollmond bei geschlossenen Augen oder am hellen Mittag und ebenso ein vorgestellter Centaur, wenn man nur die Lebhaftigkeit dieser Vorstellung genügend gesteigert denkt, ganz den Charakter der gemeinhin als ausser uns bestehend angenommenen sichtbaren Dinge erhalten soll, ist wohl richtig, aber nur dann, wenn man sich auf die isolierte Betrachtung optischer Wahrnehmungsinhalte beschränkt. Niemand denkt jedoch bei dem Ding, das er sieht, nur die Qualitäten der Gesichtswahrnehmung. Das erhellt schon aus der bekannten Thatsache, dass selbst kleine Kinder sehr früh nach den gesehenen Gegenständen tasten. Nur im Sinne des räumlichen Ausser würden jene zur grössten Lebhaftigkeit gesteigerten Vorstellungen ausser uns (sc. ausser unserm Leibe) erscheinen, im begrifflichen Sinne der psychologischen sowohl als der erkenntnistheoretischen Reflexion hätten sie ausschliesslich in unserm optischen Vorstellungsinhalte Existenz.

Es zeigt sich also — so können wir kurz das Richtige an Colliers Hauptgedanken bei seinem „ersten Schritt" ausdrücken —, dass man von einem räumlichen Ausser nicht auf ein begriffliches Ausser schliessen kann.

Worauf beruht es nun aber, dass der Centaur unter der oben bemerkten Bedingung ausser uns zu sein scheinen würde? Der Schein käme doch offenbar daher, dass der Centaur, den wir zu sehen meinen, sonstige Sinnesdaten (vornehmlich spezifische Druck- und Temperaturwahrnehmungen) nach Analogie der uns bekannten sichtbaren Dinge vermuten liesse, die er, wie ein einfacher Versuch zeigen würde, nicht hat: denn wiese er noch solche weiteren Sinnesdaten auf, so existierte er thatsächlich begrifflich ausser dem optischen Wahrnehmungsinhalt im Sinne der erkenntnistheoretischen Reflexion und wir hätten keinen Grund noch von einem scheinbaren äussern Dasein zu reden.

Mit dem bei geschlossenen Augen oder am hellen Mittag vorgestellten Mond, der ebenso ausser uns zu existieren scheinen soll, wie der „wirkliche Mond", steht es ebenso: die Vermutung auch andrer Qualitäten des in dieser abnorm intensiven Gesichtsvorstellung gemeinten Gegenstandes erweist sich als irrig, weil sie nicht mit dem uns empirisch bekannten Verhalten des Mondes, vornehmlich dem Kausalzusammenhang desselben mit der übrigen Wirklichkeit verträglich ist. Hier tritt zudem schon deutlich ein weiterer Fundamentalfehler des ganzen Räsonnements hervor, der noch später von uns in viel absurderen Konsequenzen nachgewiesen werden wird: unser Autor operiert nämlich mit abrupten Wahrnehmungsinhalten, ohne sich dessen bewusst

2*

zu werden, dass dies lediglich Abstraktionen sind, mit denen sich die „wirklichen Dinge" und die sie wesentlich mitkonstituirenden Beziehungen zu andern Dingen nimmermehr restlos identificieren lassen. Wenn bei der zweiten Beispielsgruppe in erster Linie auf die Lehre von der Subjektivität der Sinnesqualitäten rekurriert wird, so bedarf das In und Ausser (sc. der Seele), von dem hierbei gesprochen wird, sehr der Klärung. Die Wahrnehmungsdinge sind sehr wohl ausser uns, sc. ausser unserm Perceptionsinhalt, im Sinne des begrifflichen Ausser der psychologischen wie der erkenntnistheoretischen Reflexion. Dieselben Wahrnehmungsinhalte können nämlich von verschiedenen Subjekten percipiert werden, und die Dinge, welche wir in ihnen zu haben meinen, bieten niemals nach allen Sinnesgebieten vollbestimmte Wahrnehmungen. Sollten sie auch einmal schlechthin vollbestimmt wahrgenommen werden, so ist doch die Anzahl unserer Sinnesgebiete nur empirisch begründet, und niemand kann den Gedanken abweisen, dass der Begriff des gemeinten Dinges auch noch durch andre Qualitäten konstituiert werde. Je nachdem solche Ergänzung des unmittelbar meist nur in einem Sinnesgebiet Percipierten durch nachfolgende Erfahrungen bestätigt wird oder nicht, haben wir ein wirkliches Ding vor uns oder nicht. Psychologisch ist die gedachte Ergänzung natürlich stets eine Vorstellung, die also auch in dieser Beziehung von dem in der Perception Gegebenen wohl zu unterscheiden ist.

Meint Collier, dass die einzelnen Sinnesqualitäten für sich uns als äussere Objekte erscheinen, so ist das vor allem räumlich zu verstehen (sc. in Relation auf unser Anschauungscentrum); aber in diesem Sinne kann ja die äussere Existenz garnicht bestritten werden, wenn sie wirklich nur von einzelnen Perceptionsinhalten eines Sinnesgebietes ausgesagt worden soll.

Es ist jedoch überhaupt unrichtig, etwa von einem roten Dinge zu reden, wenn man ausschliesslich an den optischen mit Ortsbestimmtheit gegebenen Perceptionsinhalt als solchen denkt. Dann müsste man z. B. einen roten Feuerschein ein Ding nennen, wogegen sich mit Recht schon unser Sprachgefühl sträubt. Abgesehen davon haben solche Wahrnehmungsinhalte vielfach äussere Existenz auch im begrifflichen Sinne der psychologischen Reflexion, da sie vielen Individuen gleichzeitig bewusst sein können. Ferner kann ihnen zeitliches Ausser zukommen, insofern sie je nach den betreffenden Bedingungen ihres Gegebenseins ausser diesem bestimmten Wahrnehmungsakte als identisch existierend gedacht werden.

Die Schmerzempfindung, welche ein Amputierter in seinem verlorenen Bein hat, ist allerdings nur in der Empfindung des betreffenden Individuums, und zwar eben deswegen, weil hier jeder Versuch auch sonstige Sinnesqualitäten an dem vermeintlichen Gegenstande zu entdecken misslingt, mithin das Dasein des Beines ausschliesslich in der Schmerzempfindung besteht, beide begrifflich koincidieren. Dieses Beispiel ist in der That unanfechtbar. Analoges gilt von den Hallucinationen, Wahnvorstellungen und Illusionen. Ihnen kann ebenso wie jenem Beinschmerz nicht einmal äussere Existenz im begrifflichen Sinne der psychologischen Reflexion zugesprochen werden, wie unser Autor der Sache nach richtig erkannt hat.

Die Visionen der vom heiligen Geiste erleuchteten Männer dürfen aber durchaus nicht mit dem Bisherigen in eine Reihe gestellt werden. Allerdings ist ihnen äusseres Dasein im begrifflichen Sinne der psychologischen Reflexion nicht zuzuerkennen, weil sie zunächst ausschliesslich individueller Bewusstseinsinhalt sind. Wohl aber können sie äusseres Dasein im begrifflichen Sinne der erkenntnistheoretischen Reflexion haben, sofern sie oft durch unzweifelhafte empirische Bestätigungen gestützt werden, worauf wir hier nicht näher eingehen wollen. Die Unterscheidung des begrifflichen Ausser im psychologischen und im erkenntnistheoretischen Sinne hat Collier natürlich nicht gemacht und konnte so die Visionen gottbegeisterter Männer kritiklos mit den Hallucinationen und Wahnvorstellungen konfundieren. Was das Doppeltsehen anbetrifft, auf das er sich weiter beruft, so ist zu bemerken, dass die beiden jedesmal gegebenen Wahrnehmungsinhalte durchaus nicht gleich sind. Eines von den beiden Bildern zeigt sich nämlich, wenn man das Doppeltsehen nach der Vorschrift unseres Autors durch einen seitlichen Druck auf ein Auge herbeiführt und den Druck variiert, beweglich, während das andere ruht. Dadurch wird schon die dem Druck, resp. seiner Variation entsprechende Entstehung und Bewegung des einen Bildes nach ihrer Kausalrelation klargelegt. Wir können diesem Bilde keine äussere Realität im erkenntnistheoretischen Sinne zuerkennen, weil wir sonst eine uns unbegreifliche Verdoppelung auch der anderen Sinnesdaten, die dem ursprünglich einfach gesehenen wirklichen Dinge zukamen, annehmen müssten. Ist der beobachtete Gegenstand unsere gestreckte Hand, so ist der Beweis der Nichtwirklichkeit des bei variiertem Druck in der angegebenen Art erscheinenden bewegten Bildes (das, wie Collier richtig beobachtet hat, aus dem ursprünglichen Bilde hervorzurutschen scheint) einfach schon in der Unveränderlichkeit der Spannungsempfindung in meinem Arm gegeben, die mit einer realen Handbewegung unverträglich ist. An eine Variation des Drucks auf das Auge hat Collier bei seinem Experiment sonderbarerweise nicht gedacht. Die Konsequenz dieser Vernachlässigung wird uns noch in dem demnächst (§ 7) mitzuteilenden ersten Argument gegen die Existenz einer äusseren sichtbaren Welt zu beschäftigen haben. Selbst, wenn man die Beschränkung auf rein optische Wahrnehmungsinhalte unbeanstandet liesse, wäre eine Gleichstellung der beiden Bilder eines doppelt gesehenen Gegenstandes unzulässig, da sie sich eben bei Variation der künstlichen Wahrnehmungsbedingungen verschieden verhalten.

Die zuletzt geltend gemachte scheinbare äussere Existenz der Spiegelbilder besteht natürlich in den fälschlich vermuteten sonstigen Sinnesdaten, wie das in analogen Fällen schon oben hervorgehoben wurde. Äussere Existenz kommt ihnen im begrifflichen Sinne der psychologischen Reflexion zu, nicht aber im begrifflichen Sinne der erkenntnistheoretischen Reflexion.

Colliers „erster Schritt" leidet vor allem an dem Mangel, dass die keineswegs eindeutige Scheinbarkeit der äusseren Existenz nicht auf einen klaren Begriff gebracht ist und dass die Instanzen, welche angeführt werden, durchaus nicht gleichwertig sind und keineswegs dasselbe beweisen.

§ 6. Alle Beispiele der oben genannten zwei Arten suchen in gleicher Weise zu bekräftigen, dass ein Schluss von scheinbarem äusseren Dasein auf wahres äusseres Dasein unzulässig sei. Auf diesen Schluss allein stützt sich aber nach Collier, so viel ihm bekannt ist, die Behauptung eines äusseren Daseins der sichtbaren Welt. Es wäre also mit der Ablehnung jenes Schlusses, falls keine weiteren Gründe von den Verteidigern der äusseren Existenz geltend gemacht würden, die These des ersten Hauptteils der Abhandlung gesichert. Dennoch bietet unser Autor sechs weitere Argumente für dieselbe.

§ 7. Erstes Argument.

Das als fünftes Beispiel zweiter Art kurz zuvor (§ 4) bemerkte Doppeltsehen von Gegenständen, wobei uns zwei gleiche Dinge erscheinen, wird hier zu einem neuen Schluss verwandt. An jener Stelle wurde nur geschlossen, es könne nur eins von den beiden Dingen wirklich existieren. Hier wird zu erweisen gesucht, dass keins von beiden ausser der Seele da sei. „Wenn ich", sagt nämlich Collier, „mein Auge drücke, sehe ich zwei Monde, gleich lebhaft und einen so gut ausser mir daseiend als den andern. Ist dem so, so sind entweder beide ausser mir da oder keiner von beiden. Nun sind wir aber bereits einig (vgl. § 4), dass sie nicht beide da sind, folglich ist keiner von beiden da". (Parr 21, Esch. 840.) Es lässt sich nicht etwa einwenden, dass einer von diesen Monden ausser den Gedanken sei; denn dann wäre das Merkmal des äusseren Daseins anzugeben, durch das dieser eine Mond im Unterschied von dem andern ausgezeichnet wäre, und dieses würde nach Colliers Meinung schwerlich gelingen. Zudem erhellt aus einem einfachen Experiment, dass beide Monde gleich wahr sind. Angenommen, es sehe jemand in der bezeichneten Art zwei Monde und erkläre den einen für scheinbar, den andern für wirklich aussen daseiend, so wird er, wenn er statt des zuerst gedrückten Auges das andre Auge drückt und die Monde fixiert, offenbar finden, dass der Mond, den er vorher für den wahren gehalten hat, der falsche wird und umgekehrt. Dieselbe Argumentation passt für jedes sichtbare Ding. Man gelangt zu dem gleichen Resultat überdies auch auf Grund einer jeden der Instanzen, die gegen den Schluss vom scheinbaren auf das wahre äussere Dasein geltend gemacht wurden.

§ 8. Kritik des ersten Arguments.

Der Kern des ersten Arguments ist die von Collier geleugnete Möglichkeit, den wirklichen unter den beiden Monden eindeutig zu bestimmen. Wir haben aber bereits in § 5 gezeigt, dass eine eindeutige Unterscheidung der Bilder eines doppelt gesehenen Gegenstandes sehr wohl möglich ist. Somit darf Collier nicht ohne weiteres behaupten, dass keinem von den beiden Bildern mit mehr Recht äussere Existenz zugeschrieben werden kann. Das erste Argument ist also nicht stichhaltig.

§ 9. Zweites Argument.

Man kann nach der Regel, „dass verschiedene Dinge nicht dieselben sind", (Esch. 343, Parr 23) folgendermassen argumentieren:

Angenommen, es existiere eine Welt ausser uns und in ihr ein ausser uns daseiender Mond, so bestehen nach den Lehren der Wissenschaft zwischen ihm und dem Mond, den wir sehen, Verschiedenheiten nach Farbe, Gestalt und Grösse. Also ist der am Himmel sitzende Mond nicht identisch mit dem Mond unserer Gesichtswahrnehmung oder letzterer nicht ausser der Gesichtswahrnehmung am Himmel. Dasselbe ergiebt sich aus der Zusammenhaltung jedes sichtbaren Dinges mit sich selbst, wie sich Collier ausdrückt. So z. B. nenne ich „Mond" nach Grösse und Gestalt Verschiedenes, das ich „zu verschiedenen Zeiten" sehe. „In der That und Wahrheit sehe ich nicht bloss einen, sondern viele Monde; es sei denn, dass verschiedene Dinge ein und dasselbe Ding sind." (Esch. 345, Parr 24). Dass alle diese Monde ausser mir da wären, kann nicht sein; denn niemand wird mehr als einen Mond am Himmel annehmen. Man kann auch nicht einen von den Monden bevorzugen und ihm allein äusseres Dasein zuschreiben. Mithin darf einer so gut wie der andre als aussen existierend bezeichnet werden, d. h. es existiert keiner ausser mir. Diese Argumentation betrifft in gleicher Weise jedes Ding der sichtbaren Welt.

§ 10. Kritik des zweiten Arguments.

Die Verschiedenheiten, welche zwischen unserem optischen Wahrnehmungsinhalt „Mond" und dem als ausser uns am Himmel existierend gedachten bestehen, sind durchaus nicht unverträglich. Es ist kein Widerspruch, dass der als wirklich angenommene Mond numerisch identisch sei mit dem von uns geschehen. Denn beidemal ist der Mond unter verschiedenen Wahrnehmungsbedingungen gedacht, und nur auf dieser Verschiedenheit der Wahrnehmungsbedingungen beruht die Abweichung unseres Gesichtsbildes von dem angeblich allein wirklichen Mond, der in Wahrbeit derselbe Mond wie der im optischen Perceptionsinhalt gemeinte ist. Nur wenn man, was Collier allerdings zu thun scheint, den gesehenen Mond mit dem optischen Wahrnehmungsinhalt restlos identificiert, kommt eine Absurdität zum Vorschein. Wer jene restlose Identificierung vollzieht, denkt keinen wirklichen Mond, wie wir das schon früher gezeigt haben.

Natürlich ist der gesehene Mond ausser uns im räumlichen Sinne (sc. in Relation auf unsern Leib), was aus der unmittelbaren Anschauung erhellt, im begrifflichen Sinne der psychologischen Reflexion, weil er gemeinsamer Bewusstseinsinhalt vieler sein kann, im begrifflichen Sinne der erkenntnistheoretischen Reflexion, weil sein Sein unmöglich mit dem optischen Wahrnehmungsinhalt koincidieren kann, wenn anders ihm mehr Realität als etwa einem Spiegelbild zukommen soll. Aus welchem Grunde auch in zeitlicher und kausaler Beziehung der sichtbare Mond äusseres Dasein hat, können wir übergehen, da diese Arten des Ausser und In hier weniger in Frage kommen.

Wenn unser Autor schliesslich denkt, es müssten die verschiedenen Wahrnehmungsinhalte, welche ich „zu verschiedenen Zeiten" z. B. vom Monde habe, doch alle in gleicher Weise ausser mir sein, und dies stünde damit in Widerspruch, dass wir bloss einen Mond annehmen, so ist das selbstverständlich eine Absurdität. Sie besteht in der Vernachlässigung der Thatsache, dass eben die angeblich vielen Monde „zu verschiedenen Zeiten" existieren, womit natürlich jeder Widerspruch beseitigt ist. Die irrtümliche restlose Identificierung des augenblicklichen Wahrnehmungsinhaltes mit dem Wahrnehmungsding überhaupt hat gleichfalls dabei mitgewirkt. Damit ist dieser ganzen Argumentation die Grundlage entzogen, weshalb ein Eingehen auf ihre weiteren Konsequenzen überflüssig ist.

§ 11. Drittes Argument.

Ein Ding, das gesehen werden soll, muss der Seele „gegenwärtig" sein. Ein Ding ausser der Seele kann ihr nicht gegenwärtig sein. Also „kann ein gesehenes Ding unmöglich ausser uns und in einer gewissen Weite von uns entfernt oder von uns unabhängig sein." (Esch. 347, Parr 25) „Ausser uns sein" bedeutet soviel wie „nicht gesehen werden und empfunden werden". Noch deutlicher ist folgende Schlussweise: (Esch. 348, Parr 25.) „Die Dinge, davon wir reden, sind solche, die gesehen werden; und dies, nämlich, dass sie gesehen werden, ist alles, was wir von ihnen und ihrem Dasein wissen. Sie sind also da, insofern sie gesehen werden, oder mit andern Worten ihre Sichtbarkeit ist ihr Dasein. Folglich ist nicht der geringste Unterschied zwischen ihrem Dasein und Gesehenwerden; eins ist eben das, was das andre ist. Folglich haben sie kein ander Dasein ausser uns."

§ 12. Kritik des dritten Arguments.

Wir haben bei unserer Mitteilung des dritten Arguments absichtlich möglichst verba ipsissima Colliers geboten, um seine Meinung aufs deutlichste hervortreten zu lassen.

Dass das Ding, welches wir sehen sollen, nicht „ausser uns und in einer gewissen Weite von uns entfernt" sein kann, weil für ein Gesehenwerden Gegenwart in der Seele erforderlich ist, beruht nur auf einer Verkennung der verschiedenen Bedeutungen des Ausser und In. Wir sehen deutlich, wie der Autor seinem ganz richtigen Ansatz, den er, wie wir (sub 3, § 1) bereits anführten, bei seinen Erläuterungen des Sinnes seiner These gemacht hatte, an dieser

Stelle (vollständig) untreu wird. Während er dort die perverse räumliche Ausdeutung des Enthaltenseins in der Seele abwies, ist er hier selbst darin befangen. Nur wer die Seele sich wie ein räumlich abgegrenztes Behältnis denkt, kann in Bezug auf die Seele von einem In und Ausser reden im räumlichen Sinne. Natürlich ist es kein Widerspruch, dass der sichtbare Gegenstand begrifflich in der betreffenden Seele ist (und zwar im Sinne der psychologischen Reflexion, insofern er eben von dieser Seele gesehen wird, wobei das jedesmalige psychologische Ergänzungsstück mitgedacht wird) und doch im räumlichen Sinne äussere Existenz hat, sc. in Relation auf den Leib jenes Individuums; denn räumliches Ausser und begriffliches In sind keineswegs unverträglich.

Wenn Collier in einer kürzeren Argumentation zuletzt erklärt, dass „nicht der geringste Unterschied zwischen dem Dasein der sichtbaren Dinge und ihrem Gesehenwerden" bestehe, so ist das durchaus nicht zuzugeben. Wir müssten sonst, wie früher schon bemerkt wurde, den wirklichen sichtbaren Dingen die gleiche Realität beilegen wie rein optischen Trugbildern. Worin der Unterschied zu suchen ist, haben wir gleichfalls schon oben mehrfach erwähnt. Jedenfalls erweist sich die weitere Konsequenz aus jenem falschen Grundgedanken auf solche Weise als hinfällig.

§ 13. Viertes Argument.

Nach der aristotelischen Erklärung des Sehens wird von der Seele nur „die Ausstrahlung oder das kleine Bildchen, das aus der dem Auge gerade gegenüber stehenden Sache herausfliesst", gesehen. Wohl werden hierbei Dinge ausser der Seele vorausgesetzt, aber nicht, dass diese Dinge selbst sichtbar seien. Wäre dies der Fall, so hätte der Ausfluss der Bildchen keinen Zweck. Es müssen vielmehr durch jene Vermittelung die äusseren Dinge der Seele erst gegenwärtig werden, damit eine Wahrnehmung stattfinde. So liegt denn dieser Erklärung des Sehens zu Grunde, „dass die sichtbare Welt, insofern sie sichtbar ist, nicht ein äusseres Dasein habe." (Esch. 351, Parr 27.)

§ 14. Kritik des vierten Arguments.

Die aristotelische Theorie des Sehens, die Collier zu Gunsten seiner These heranziehen will, ist überhaupt zu verwerfen, weil sie die Seele als solche in sinnloser Weise in räumlichem Verhältnis zu dem zu sehenden Gegenstande voraussetzt. Das unser Autor dies nicht selbst erkannt hat, darf uns nicht überraschen: er hat, wie wir in der Kritik des dritten Arguments gezeigt haben (§ 12), bereits vorher unabhängig denselben Fehler begangen, der hier vorliegt. Es ist das vierte Argument im Grunde nur ein historischer Rechtfertigungsversuch des dritten. Deshalb kann unsere Kritik des dritten Arguments auch auf dieses Räsonnement bezogen werden, und es bedarf somit keiner weitern Diskussion.

§ 15. Fünftes Argument.

Nach der Lehre der neueren Philosophie (Collier hat besonders Malebranche im Auge) wird bei dem Sehen „die Farbe und die Figur" unterschieden. Während die Farbe bloss für „eine gewisse Bestimmung der Vorstellung oder der Seele" erklärt wird, ist „diese oder jene besondere Figur, die gesehen wird, ... ein Teil der intelligiblen Ausdehnung, die Gott in sich selbst hat und mit seinem Verstande betrachtet, der bald so bald anders unserer Seele mitgeteilt wird". (Esch. 352, Parr 28.) Auch diese Erklärung des Sehens hat zur Voraussetzung, „dass eine ausser uns daseiende Materie nicht sichtbar sei und folglich eine sichtbare Materie oder körperliche Sache nicht ausser uns da sei."

§ 16. Kritik des fünften Arguments.

Es wird uns im fünften Argument eine zweite historische Instanz für die Nichtexistenz der sichtbaren Welt geboten

Wie die Mitteilung „eines Teils der intelligiblen Ausdehnung, die Gott in sich selbst hat und mit seinem Verstande betrachtet", zu denken sei, worin das Sehen von Figuren bestehen soll, ist nicht recht klar. Jedenfalls meint Collior daraus entnehmen zu können, es zeige die Annahme einer solchen Mitteilung, dass nur das der Seele Gegenwärtige gesehen werden könne. Dürfte man voraussetzen, dass das der Seele Gegenwärtige hierbei wirklich nicht räumlich geschieden von dem Nichtgegenwärtigen gedacht ist, so würde dieser Gedanke noch einigen Sinn haben. Es könnte aber selbst dann immer nur die individuelle Gesichtswahrnehmung gemeint sein, die allerdings als solche in dem bestimmten Perceptionsakt restlos aufgeht und somit ausschliesslich in der betreffenden Seele (sc. im begrifflichen Sinne der psychologischen Reflexion) ihr Dasein hat. Indessen ist ja gerade dies wiederum zu beanstanden, dass in dem individuellen rein optischen Wahrnehmungsinhalt schon ein wirkliches sichtbares Ding vollständig enthalten sein soll. Wir sind vielmehr berechtigt in Bezug auf die individuelle Wahrnehmung den sichtbaren Dingen begrifflich äussere Existenz im Sinne der psychologischen sowohl als der erkenntnistheoretischen Reflexion zuzuerkennen. (Zur Abwehr eines naheliegenden Missverständnisses sei bemerkt, dass ich bei der individuellen Wahrnehmung nicht etwa ausschliesslich den reinen Wahrnehmungsinhalt als solchen denke. Denn diesem kommt keine Individualität in psychologischer Beziehung, die ich gerade charakterisieren will, zu. Vielmehr ist mit dem reinen Wahrnehmungsinhalt stets der gleichzeitige sonstige Bewusstseinsinhalt (Gefühle, Vorstellungen etc.) zusammen gemeint, den ich oben das psychologische Ergänzungsstück nannte, wodurch eben diese besondere Bewusstseinseinheit hic et nunc begrifflich konstituiert und zugleich gedachte Wahrnehmung individualisiert wird.) Collior hat sich die Möglichkeit dieser Erkenntnis teils durch die Beschränkung auf rein optische Wahrnehmungsinhalte, teils durch das Hineinspielen einer räumlichen Relation zwischen der Seele und ihren Gegenständen selbst verschlossen. Dass die sichtbaren Dinge in Beziehung zu einem Bewusstsein zu denken seien, ist ihm vollkommen zugegeben; aber er hat versäumt diese Beziehung richtig zu deuten.

§ 17. Das sechste Argument.

Die Untersuchungen über die Materie, die man in den landläufigen metaphysischen Büchern (Suarez, Scheibner und Baronius werden von Collier genannt) findet, zeigen deutlich, dass die betreffenden Autoren von etwas handeln das sie nicht sehen. Die Fragen, die sie sich gestellt haben, ob die Materie sei oder nicht, ob sie sei ein actus entitativus oder eine blosse potentia, wie es möglich sei, dass man ihr Dasein erkenne und dergl., wären unverständlich, wenn eine sichtbare Materie gemeint wäre. So findet man bei ihnen auch nicht den so naheliegenden Einfall, das Dasein der Materie „aus dem Grunde zu erhärten, weil wir die Materie sähen", und niemals eine Verweisung auf die Sinne. (Esch. 357, Parr 30.) Man kann hieraus entnehmen, dass die aristotelischen Philosophen gemäss ihren Lehren das äussere Dasein der sichtbaren Materie absprechen müssen.

§ 18. Kritik des sechsten Arguments.

Wir haben hier eine dritte historische Instanz für die These Colliers vor uns. Ob sie beweiskräftig ist, dürfte die Frage sein. Dass — um von dem übrigen abzusehen — z. B. die Frage, ob die Materie wirklich sei oder nicht, bei einer sichtbaren Materie unverständlich sei, ist durchaus nicht zutreffend. Jene Philosophen haben eben noch nicht daran gedacht, den Wirklichkeitsbegriff der Materie ausschliesslich in ihrem Gesehenwerden aufgehen zu lassen. Ob allerdings das, was sie ausser ihrem Wahrnehmungsinhalt sich unter der Materie vorstellten, richtig sei oder nicht, soll damit nicht entschieden sein. Immerhin ist es begreiflich, dass ihnen der blosse Hinweis auf die Sichtbarkeit kein genügender Beweis für die Existenz der Materie zu sein schien und daher niemals von ihnen vorgebracht wurde.

§ 19. Einwürfe.

An die sechs Argumente gegen die äussere Existenz einer sichtbaren Welt schliessen sich nun Erörterungen über Einwürfe, die gegen Colliers These geltend gemacht werden können, an.

1. „Der allgemeine Beifall des ganzen menschlichen Geschlechts" widerspricht der Leugnung des äusseren Daseins der sichtbaren Welt.

Mit Recht rechnet unser Autor diesen Einwurf zu den blossen „Spöttereien". Wir können uns daher die Wiedergabe der Widerlegung desselben ersparen.

2. Bezeugt nicht „der Sinn des Gefühls" das äussere Dasein der sichtbaren Welt?

Diese Frage ist zu verneinen. „Das Gefühl zeigt uns nicht nur nicht das äussere Dasein der sichtbaren Welt, sondern es giebt uns nicht einmal Nachricht von dem Dasein derselben." Fühlen kann man nämlich nur fühlbare Dinge. Wollte man Sehen und Fühlen nicht für verschiedene Sinne halten, so gelten die schon früher gegebenen Argumente gegen das äussere Dasein einer sichtbaren Welt.

3. Cartesius sucht das Dasein der äusseren Welt durch den Hinweis auf die Wahrheit und die Güte Gottes zu begründen, der „uns in unsern unwillkürlichen Urteilen und Neigungen nicht betrügen könne."

Soll hier die äussere Welt eine unsichtbare Welt bedeuten, so gehört dies in den zweiten Hauptteil der Abhandlung. Meint man jedoch die sichtbare Welt, so ist eine Erwiderung auf jenen Einwurf am Platze. Die Wahrheit und Güte Gottes wird durch den Nachweis der Nichtexistenz einer äussern sichtbaren Welt nicht angetastet. Es genügt, Beweise für die fragliche These aufgestellt zu haben. Werden dieselben nicht widerlegt, so kann nicht verlangt werden, das Gegenteil anzunehmen, „als ob die Wahrheit und Güte Gottes erfordere, dass das falsch sei, welches doch wahr ist und wahr zu sein eingestanden werden muss." (Vgl. Esch. 370, Parr 39.)

Des Näheren ist zu bemerken, dass die Behauptung des äussern Daseins der sichtbaren Welt nicht in einem „unwillkürlichen Urteil" besteht. Collier selbst wenigstens vermag von sich zu erklären, dass er die Hinfälligkeit jener Behauptung sogar bewiesen habe, ohne diesem „unwillkürlichen Urteil wider seinen Willen beipflichten" zu müssen.

Die Berufung auf die „innere Neigung" führt zu dem Widerspruch, dass man derselben, auch wenn sie irrig wäre, folgen müsste, wenn Gott selbst uns ihre Irrigkeit offenbar machte. Man müsste Gottes Ansehen „wider ihn selbst" anführen. Dazu kommt, dass Cartesius selbst (und seine Anhänger) gegen „die innere Neigung" z. B. die Subjektivität der Sinnesqualitäten verteidigt.

§ 20. Kritische Bemerkungen.

Der erste Einwurf bedarf keiner weiteren Erörterung, weil er an sich zu geringfügig ist und auch schon von Collier gebührend abgewiesen wird. Anders verhält es sich mit dem zweiten Einwurf. Wir haben zunächst ein Missverständnis Lyons zurückzuweisen. Derselbe hat, wie aus seiner Darstellung (Revue phil. X. p. 387) deutlich hervorgeht, die Pointe des ganzen zweiten Einwurfes garnicht erfasst. Der Einwurf wird schon ungenau citiert. Es handelt sich um die Existenz einer sichtbaren äussern Welt. Lyon sagt:

„Comment la sensibilité nous assurerait-elle de l'extériorité d'une existence, impuissante qu'elle est à constater même simplement une existence?"

In solcher Allgemeinheit trifft dies garnicht den überaus einfachen Gedanken Colliers an der betreffenden Stelle. Noch viel weniger kann im Sinne unseres Philosophen erklärt werden: „L'existence est connue par raisonnement, par sentiment non pas." Lyon scheint übrigens nach dieser letzten Äusserung „sentiment" nicht in der Bedeutung des Gefühlssinnes gefasst zu haben, sondern ganz im Widerspruch zu Collier darunter Empfindung überhaupt oder Sinnlichkeit verstanden zu haben. Was sollte sonst seine Antithese bedeuten? Entsprechend wird dann auch wohl schon in der Formulierung des ganzen Einwurfs der Begriff von sentir fälschlich zu weit gefasst sein. Der letztere Irrtum ist wohl auf eine irritierende Reminiscenz an ein Citat aus Norris zurückzuführen, welches an der betreffenden Stelle (Esch. 367, Parr 36) von Collier angeführt, aber als „zu hoch" für ihn erklärt wird. Norris sagt nämlich, „dass wir das Dasein eines Dinges ebenso wenig fühlen können, als wir einen Satz fühlen können." Hierbei ist natürlich der Gegensatz von Sinnlichkeit und Verstand gemeint. Dies ist aber nicht Colliers Meinung, woran Lyon offenbar nicht gedacht hat.

Wenn nun Collier den zweiten Einwurf dadurch erledigen will, dass nur fühlbare Dinge, nicht sichtbare, gefühlt werden können, so zeigt sich darin nur aufs neue seine bekannte einseitige Beschränkung auf den rein optischen Wahrnehmungsinhalt, als ob dieser für sich allein das Wesen eines sichtbaren Dinges konstituieren könnte. Im Gegenteil schreiben wir immerfort einem und demselben Dinge Eigenschaften aus verschiedenen Sinnesgebieten zu. Das Ding besteht gerade in der Einheit dieser seiner verschiedenen Eigenschaften und ihrem gesetzmässigen Wechsel. Schon die Möglichkeit des Urteils, dass ein Ding sichtbar sei, welches der Bezeichnung „sichtbares Ding" zu Grunde liegt, muss zu dieser Erkenntnis führen. Denn eine Prädikation ist — soll sie mehr als eine nichtssagende Tautologie sein — nur vollziehbar, wenn das Prädikat mit andern zusammen eine Einheit (das Subjekt der Prädikation) bildet. Sichtbarkeit kann also nicht ausschliesslich das Wesen des sichtbaren Dinges ausmachen. Mag nun das, was wir sonst noch bei einem sichtbaren Dinge ausser dem optischen Wahrnehmungsinhalt denken, noch so unbestimmt sein, dass jedenfalls etwas gedacht werden muss, ist ganz ohne Zweifel, wenn anders eben ein Ding gemeint wird.

Die berühmte Grenze möglicher Erfahrung wird nicht überschritten, wenn wir diese logische Ergänzung des unmittelbaren optischen Perceptionsinhaltes in andersartigen Sinnesqualitäten bestehen lassen. So wird ein sichtbares Ding seinem Wesen nach nicht etwa ausschliesslich durch die uns jetzt allein gegebene Gesichtswahrnehmung konstituiert, sondern zugleich vor allem durch hinzugedachte Daten des Druck- und Temperatursinnes: gerade mit diesen hinzugedachten Daten steht und fällt die dinghafte Existenz überhaupt. Die logische Ergänzung darf natürlich nicht andern direkten Wahrnehmungen widersprechen. Darin sowie in dem Kausalitätsprincip, das alle Willkürlichkeit ausschliesst, liegen die notwendigen und hinreichenden Bedingungen ihrer Wahrheit.

Hätte Collier sich nur den zweiten Einwurf besser klar gemacht, vielleicht würde er durch ihn über seinen subjektiven Idealismus hinausgeführt sein.

Was den dritten Einwurf und dessen Beantwortung betrifft, so können wir unserm Autor nur zustimmen. Er hat die Schwächen des ganzen cartesischen Räsonnements treffend hervorgehoben.

Lyon hat (a. a. O. p. 387) den Widerspruch, den Collier in der Antwort auf den dritten Einwurf herausstellen wollte, ganz übersehen. Denn der Satz: „Comme il serait facile à tout dialecticien à bout de raisons d'invoquer la Providence divine et de légitimer par un appel réligieux l'irrésistible inclination de tel ou tel de nos jugements!", der offenbar die Widerlegung sein soll, ist kein Gedanke Colliers. Wenn Lyon ferner Descartes verteidigen will, so ist zu erwidern, dass der Vorwurf, gegen den er seinen Landsmann verteidigt, überhaupt nicht erhoben worden ist.

II. Hauptteil:
Nachweis der Unmöglichkeit einer äussern unsichtbaren Welt.

Collier stützt seine Behauptung der Nichtexistenz einer äusseren unsichtbaren Welt durch neun Beweise.

§ 21. Erster Beweis.

Ohne weitere Beweise könnte man schon einfach damit die Annahme einer äussern Welt abweisen, dass eine solche, da sie nach der bisherigen Argumentation sich als nicht sichtbar herausgestellt hat, unerkennbar ist, „es sei denn durch eine Offenbarung" (Esch. 375, Parr 41). Die Vernunft kann die Existenz einer äussern Welt nicht erweisen, denn eine äussere Welt wäre als Kreatur aufzufassen und als solche etwas Zufälliges und Endliches; die Vernunft hat es aber nur mit Notwendigem und Ewigem zu thun. Die Sinne können hier ebenfalls nichts nützen, weil gemäss der Voraussetzung jede Wahrnehmung der fraglichen Welt ausgeschlossen ist. Ob die Offenbarung eine Entscheidung zu Gunsten des Daseins einer äusseren Welt giebt, wird später (nämlich bei Gelegenheit des ersten der Einwürfe, die sich an den zweiten Hauptteil der Abhandlung reihen) erwogen werden. Bis dahin kann man behaupten, dass eine solche

Welt uns gänzlich unbekannt ist. Etwas Unerkanntes ist
soviel wie etwas, das nicht da ist. Mithin ist eine äussere
Welt, da wir von ihr nichts wissen, nicht da.

Diese Argumentation soll, wie Collier selbst bemerkt
(Esch. 378, Parr 42), nicht „für einen vollständigen Erweis
gehalten werden, vermag aber ziemlich dasselbe zu leisten."
Wird die Existenz eines als unerkennbar zugestandenen
Dinges gegenüber jemandem, der die Nichtexistenz desselben
behauptet, angenommen, so ist damit das probandum vorausgesetzt. Dagegen enthält die Behauptung der Nichtexistenz
des unerkannten Dinges keine Voraussetzung des probandi.
Die Leugnung dessen, „davon man nichts zu wissen eingesteht", ist berechtigt.

§ 22. Bemerkungen zu dem ersten und den folgenden
Beweisen.

Collier erklärt bescheidener Weise das eben Dargestellte nicht „für einen vollständigen Erweis", und doch ist
darin der entscheidende Gedanke enthalten, der eigentlich
alle weitere Argumentation überflüssig macht. Der Grundsatz, dass etwas als unerkennbar Zugestandenes überhaupt
als nicht existierend betrachtet werden kann, ist uns, die wir
den mystischen und in sich widerspruchsvollen Begriff eines
Dinges an sich verwerfen, so geläufig, dass wir ihn nicht
mehr durch spitzfindige Beweise zu stützen brauchen.

Diesem Grundsatz gemäss sind alle bei Collier noch
folgenden Beweise principiell abzuweisen, da von etwas Unerkennbarem weder positiv noch negativ Aussagen gemacht
werden dürfen. Es handelt sich in diesen Beweisen thatsächlich nur um dialektische Spitzfindigkeiten, die zum Teil
zenonische Sophismen reproducieren, deren Kritik wenig
Interesse hat und der Sache nach schon von andern geleistet ist. Zur Charakteristik Colliers dürften sie aber doch

von Wichtigkeit sein, und deshalb wollen wir ihre Darstellung nicht übergehen.

§ 23. Zweiter Beweis.

Angenommen, es existiere eine unsichtbare äussere Welt, so kann dieselbe ohne Widerspruch durch keine Macht sichtbar gemacht werden. Sie wäre als Kreatur zu betrachten. Gott müsste sie, soviel zu sehen ist, ohne Nutzen geschaffen haben; denn sie wäre wegen ihrer Unsichtbarkeit nicht bewohnbar und erkennbar. Daraus folgt, dass eine solche Welt nicht existieren kann. Dieser Schluss ist solange berechtigt, bis jemand einen Erweis erbracht hat, dass jene Welt von Nutzen sei. Jedenfalls ist sicher, dass eine schlechterdings unnütze Kreatur höchstens „ein blos mögliches Ding sei, doch nur so ein mögliches, das weder wirklich wird noch werden kann." (Esch. 382, Parr 44). Der scheinbare Widerspruch, der in letzterer Behauptung steckt, ist nach Collier durch folgende Unterscheidung aufzuklären: Es giebt zwei Arten von Unmöglichkeit oder Möglichkeit eines Dinges. Die erste Art findet statt, wenn der Begriff des betreffenden Dinges einen Widerspruch enthält oder nicht. Dies ist die innere Unmöglichkeit oder Möglichkeit. Liegt in der Ursache, in der Zeit oder einem andern Umstande ein Widerspruch oder nicht, so hat man die zweite Art von Unmöglichkeit oder Möglichkeit, die äussere. So ist also (was hier nur in Betracht kommt) „ein Ding möglich in Absicht auf die Ursache, wenn in dem Begriff dieser Ursache kein Hindernis liegt, das da verbietet, das Ding wirklich zu machen; ist aber ein solches Hindernis da, so ist das Ding unmöglich." (Esch. 383, Parr 45). Die Existenz des betreffenden Dinges kann, wenn es sich um ein unüberwindliches Hindernis handelt, „schlechterdings unmöglich sein." So kann etwas in dem einen Sinne möglich und zugleich in dem andern Sinne unmöglich sein (nämlich innerlich möglich und äusserlich unmöglich). Dieses gilt nun eben von einer äussern unsichtbaren Welt, die, mag ihr auch innere Möglichkeit zugestanden werden, als „unnütze Kreatur" eine „wahre Unmöglichkeit" (äusserer Art) ist. Gottes Weisheit ist das „unüberwindliche Hindernis", welches keine „unnütze Wirkung" zulässt. Dass, was Collier stets gefunden zu haben erklärt, wie sonst, so auch hier der äussern Unmöglichkeit der betreffenden Sache eine innere zu Grunde liegt, sollen einige der folgenden Beweise für den vorliegenden Fall zeigen.

§ 24. Dritter Beweis.

Eine äussere Welt müsste ihrer Ausdehnung nach zugleich unendlich und endlich sein. Beide Bestimmungen der Ausdehnung werden durch unumstössliche Beweise gestützt. Man ist mit Übereinstimmung der entgegengesetzten Parteien, da keine die andere zu widerlegen vermag, berechtigt, zu schliessen, „dass eine äussere Ausdehnung beides zugleich, endlich und unendlich, sei und also keines von beiden." (Esch. 388, Parr 48.) Mit anderen Worten eine äussere Welt ist wegen jenes Widerspruchs in ihrer Bestimmung unmöglich.

§ 25. Vierter Beweis.

Die äussere Materie müsste zugleich endlich und unendlich teilbar sein. Etwas in einem und demselben Sinne zugleich unendlich und endlich Teilbares ist unmöglich, also ist äussere Materie unmöglich. Die widersprechenden Bestimmungen in Bezug auf die Teilbarkeit der Materie beruhen, wie bei dem vorigen Argument, beiderseits auf unumstösslichen Beweisen. Daher ist der obige Schlusssatz unumgänglich. Wer die Prämissen anerkennt, — und sie würden, meint Collier, soviel ihm bekannt, von allen Philosophen anerkannt — der muss auch die Konsequenz zugeben; wollte er letzteres nicht thun, so wäre das „eine gefährliche Zweifelei". Ja, es muss nach den Lehren der Philosophen von der äussern Materie im Interesse aller liegen, diesen Schluss zu billigen, was noch später näher erörtert werden soll (nämlich im neunten der folgenden Beweise).

Die Materie, von der die Philosophen bei ihren Untersuchungen handeln, könnte eingewandt werden, ist sichtbar, nicht unsichtbar, was in der vorstehenden Argumentation überall angenommen wurde. Man kann dies zugeben, dass, nach den Worten zu schliessen, jene Materie etwas Sichtbares sei; aber ebenso muss andererseits eingeräumt werden, dass dieselbe als etwas ausser uns Seiendes gedacht werde. Auf das letztere kommt es auch bloss an. Denn auf die äussere Materie qua äussere bezieht sich gerade der ganze Unmöglichkeitsbeweis. Dass der Schlusssatz soviel als das Nichtdasein der sichtbaren Materie besagte und schon deswegen nicht mit allgemeiner Zustimmung aufgenommen werden könnte, ist ein nicht minder hinfälliger Einwand. Denn was die allgemeine Zustimmung anlangt, so kommt sie wenig in Betracht, wenn nur die Richtigkeit der Schlüsse anerkannt wird. Sodann ist auch in Abrede zu stellen, dass die Philosophen bei ihren Streitigkeiten über die Teilbarkeit der Materie thatsächlich die sichtbare Materie voraussetzen. Machten sie letztere Voraussetzung, so wären ja das Dasein, die Teibarkeit und Ausdehnung der sichtbaren Materie unbezweifelbar, und es könnte nicht gefragt werden, ob ihre Ausdehnung und Teilbarkeit sich weiter erstreckten als ihre Sichtbarkeit. Mag Sichtbarkeit und äusseres Dasein hierbei auch vielfach konfundiert sein, so haben doch die Philosophen eigentlich letzteres im Auge.

Dass wir auch sonst manchmal annehmen müssten, „dass etwas wahr sei, wenn wir gleich nicht wüssten, wie", diesen Einwand haben, wie Collier aus seiner eigenen Erfahrung berichtet, Gegner, die sonst nichts einzuwenden wussten, zu machen versucht. Sie wiesen dabei vor allem auf mehrere

Lehren der christlichen Religion hin, nämlich die von der Dreieinigkeit, der Menschwerdung Gottes und dergl. Die Wahrheit dieser Lehren würde trotz ihres geheimnissvollen und, soweit wir urteilen können, für unsere Vernunft nicht widerspruchsfreien Charakters aufrecht erhalten. So könnte auch das äussere Dasein der Welt behauptet werden, trotz der Widersprüche, die darin enthalten sind. Ja, es wird von einem Schriftsteller sogar als tieferer Zweck solcher „Schwierigkeiten" wie Materie und dergl. bezeichnet, „die Vernunft... zu quälen, um ihren Hochmut zu zähmen, dass sie sich desto weniger unterstehe, ihr schwaches Licht den Wahrheiten des Evangelii entgegenzusetzen." (Esch. 398, Parr 55) Collier nennt den betreffenden Autor (der vermutlich Norris ist) a. a. O. nur unbestimmt „a very judicious author" und in der Fussnote zu dem Citat führt er die Schrift jenes Autors „art of thinking" an.

In der Erwiderung auf diese Einrede weist Collier vor allem auf den fundamentalen Satz der Identität und des Widerspruchs hin und den Satz: „Was wir als seiend erkennen, ist" (Esch. 398, Parr 55), die unbestreitbar anerkannt werden müssen. Auf solchen Grundlagen beruhen auch nur dieser und der vorhergehende Unmöglichkeitsbeweis. Von Schwierigkeit dabei zu reden, ist unzulässig. da ja die einzelnen Sätze der Argumentation als klar zugegeben werden.

Und soll doch die Teilbarkeit der Materie die Schwierigkeit bilden, so ist dieselbe mit der Leugnung der äusseren Materie vollständig gehoben. Die zum Vergleich herangezogene Lehre von der Dreieinigkeit enthält anerkanntermassen Unbegreifliches, nicht so die äussere Materie mit ihren widersprechenden Bestimmungen, welche sich auf Beweise stützen. Ferner haben wir von der Wahrheit jener Lehre einen unumstösslichen Beweis aus dem Worte Gottes, von der des Daseins einer äusseren Welt „nicht einmal die allergeringste Erkenntnis". Endlich ist zu leugnen, dass die Lehre von der Dreieinigkeit für die Vernunft irgend welchen Widerspruch enthält. Es fehlt mithin jeder Berührungspunkt dieser Lehre mit der widerspruchsvollen Annahme einer äusseren Welt, und somit entbehrt der ganze obige Einwurf der Begründung.

§ 26. Fünfter Beweis.

In einer äusseren Welt würde Bewegung sowohl möglich als auch nicht möglich sein. Dass in einer äusseren Welt Bewegung möglich ist, folgt aus Gottes Allmacht, der seine Kreatur bewegen kann. Andrerseits ist klar, dass eine äussere Welt sowohl als Ganzes wie in ihren Teilen eben wegen ihres äussern Daseins unbeweglich ist.

Die Unbeweglichkeit der ganzen äussern Welt erhellt schon daraus, dass sie um ihrer unendlichen Ausdehnung willen keinen Ortswechsel erfahren kann, weil sie „schon alle Örter einnimmt." (Esch. 404, Parr 59). Bezüglich der unendlichen Ausdehnung der äusseren Welt appelliert Collier ohne weiteres an die gewöhnlichen Beweise der Philosophen, deren Stichhaltigkeit anerkannt werde.

Eine Bewegung von Teilen der äusseren Materie ist unmöglich, weil ihre Annahme zu Ungereimtheiten führt. Wenn sich nämlich ein Körper von einem Ort zum andern bewegen sollte, so müsste er die Linie seiner Bahn in allen ihren Punkten, die eine unendliche Menge bilden, durchlaufen. Wäre dies möglich, so ist weiter zu bemerken, dass hierbei eine wirklich unendliche Anzahl angenommen wird, die keine Vermehrung erfahren kann und als solche „nicht aufgesummt werden kann, folglich überall keine Anzahl ist." (Esch. 406, Parr 60). Ferner wäre zwischen der kürzesten und allerlängsten Bewegung kein Unterschied; „denn eine Bewegung, wozu nichts hinzugethan werden kann, ist notwendig so lang, als nur möglich ist." (Esch. ib., Parr 61).

Sodann käme allen Bewegungen gleiche Geschwindigkeit zu, da die langsamste sowie die geschwindeste in einem bestimmten Zeitintervall unendlich viele Punkte passiert. Endlich müsste eine Bewegung, deren Dauer auch noch so gering ist, doch „zugleich eine unendliche Dauer haben" (ibidem); denn unendlich viele Zeitpunkte würden zu den unendlich vielen Raumpunkten, die vom Körper zu durchlaufen sind, erforderlich sein. „Unendlich viele Zeitpunkte machen eine unendliche Zeit oder Dauer." (Esch. 407, Parr 61).

Collier findet es nicht für nötig, aufzuweisen, dass die sichtbare Welt als solche von diesen Ungereimtheiten nicht betroffen würde und schliesst daher aus den widersprechenden Bestimmungen der Möglichkeit und Unmöglichkeit von Bewegungen auf die Unmöglichkeit des Daseins einer äussern unsichtbaren Welt.

§ 27. Sechster Beweis.

Jede Erklärung des Sehens führt unter Voraussetzung des Daseins einer äussern Welt zu Widersprüchen. Collier berührt nur die aristotelische und cartesianische Erklärung. Beide haben dies miteinander gemein, dass sie körperliche Teilchen von den Dingen aus den Sehnerv treffen lassen. Nun können von den Teilchen wegen ihrer Undurchdringlichkeit nicht zwei oder gar sehr viele denselben Ort einnehmen. Da von dem Auge fast unendlich viele Dinge zugleich gesehen werden können, so müssten gemäss jenen Erklärungen von allen diesen Dingen Teilchen im Auge, „und zwar in einem und demselben Ort zusammenkommen" (Esch. 410, Parr 63) — eine reine Unmöglichkeit. Jede Stelle der Welt, die fixiert wird, enthält eine gewaltige Menge von Dingen. Also ergiebt sich überall die gleiche Schwierigkeit. Hieraus ist die Unmöglichkeit einer äusseren Welt zu entnehmen. Gäbe es nämlich eine äussere Welt, so müsste eine der beiden Erklärungen des Sehens sich als richtig erweisen. So folgt nun aus der Unmöglichkeit beider die Unmöglichkeit ihrer gemeinsamen Voraussetzung, der äusseren Welt. Nur dann würde diese Schlussweise hinfällig werden, wenn eine neue widerspruchslose Theorie des Sehens bei gleicher Voraussetzung geboten würde.

§ 28. Siebenter Beweis.

Dass eine äussere Welt für sich bestehen soll, widerspricht ihrem Kreatursein, das ihr unbestreitbar zugestanden werden muss.

Wohl liegt es im Begriff der Kreatur, dass sie von Gott abhängt. Dennoch erscheinen uns die einzelnen Dinge der äusseren Welt als selbständige Existenzen. Mit welchem Recht nennt man sie trotzdem Kreaturen? Wendet man ein, dass man sich die Dinge als nicht für sich bestehend vorstellt eben wegen ihres Kreaturseins, so tritt ja die ganze Schwierigkeit zu Tage. Denn wie kann es solche Kreaturen geben, die als äussere Dinge zugleich ein unabhängiges Dasein haben?

Die äussere Welt, als Ganzes betrachtet, zeigt weitere Ungereimtheiten. Die Unendlichkeit in der Ausdehnung, die derselben zukommt, widerstreitet dem Charakter der Endlichkeit, welcher in ihrem Kreatursein liegt. Ferner weisen sowohl das Ganze der Welt wie ihre einzelnen Teile, wenn sie als ausser uns daseiend angesehen werden, eine Einheit und Identität mit sich selbst auf, die nur Gott selbst haben kann. Dazu kommt, dass die Grösse der äusseren Welt notwendigerweise unendlich sein müsste, ohne dass Gottes Macht es hindern könnte, sie möge es wollen oder nicht. Wollte Gott nämlich auch nur einen endlichen Körper für sich schaffen, der die Grösse eines gewöhnlichen Würfels hätte, so müsste dieser Würfel doch durch etwas oder nichts begrenzt sein. Wäre er durch nichts begrenzt, so würde er unendlich sein. Wäre er durch etwas begrenzt, so hätte dieses Etwas selbst eine Grösse, und dann wiederholte sich dieselbe Disjunktion in infinitum, bis man bei einer wirklich unendlichen Ausdehnung anlangt. Hierbei zeigt sich einmal insofern eine Ungereimtheit, als Gottes Macht hinter seinem Willen zurückbliebe, sodann insofern, als ein so unabhängiges Dasein, das sogenannte „notwendige Dasein" (necessary existence), welches einem äusseren Dinge in der bezeichneten Weise anhaftet, eine Kreatur sein soll. Schliesslich würde Gott nicht imstande sein die ganze äussere Welt oder einen Teil derselben zu vernichten, während er doch seine Kreatur sowohl schaffen als vernichten kann. Eine äussere Welt ist nämlich, wie eben bemerkt wurde, notwendig unendlich ausgedehnt. „Es kann also nicht gemacht werden, dass sie weniger als unendlich gross wäre, und folglich kann weder sie noch der geringste Teil von ihr vernichtet werden." (Esch. 421, Parr 69).

Aus allem geht hervor, dass eine äussere Welt unmöglich ist, weil sie keine Kreatur sein kann.

§ 29. Achter Beweis.

Nimmt man das Dasein einer äussern Welt an, so muss man die Ungereimtheit zugeben, dass Gott, den man für ein unausgedehntes Wesen hält, ausgedehnt sei. Denn er müsste in seiner Welt, die seine Kreatur ist, überall gegenwärtig sein und so mit derselben die Ausdehnung teilen.

Die Ausflucht, dass man Gott wirklich für ausgedehnt erklärt, hilft nichts. Es wäre nämlich dann, da die Ausdehnung Gottes offenbar unendlich sein müsste, kein Raum für eine äussere Welt. Dass Gott und die Welt denselben Raum erfüllen könnten, ist eine Unmöglichkeit. Da Gott unleugbar da ist, so folgt also die Nichtexistenz der äussern Welt.

Die Möglichkeit, dass die äussere Welt mit Gott identisch sei, wird von Collier ohne Widerlegung erwähnt. Er hält dieselbe zu widerlegen für „Zeitverlust", „solange, bis einer so kühn sein wird, sie öffentlich zu behaupten." (Esch. 426, Parr 71.)

§ 30. Neunter Beweis.

Die Erklärungen und Beschreibungen der Materie, die die scholastischen Philosophen geben, zeigen, „dass sie von etwas reden, aber kein Mensch weiss, was es sei und ob es da sei oder nicht." (Esch. 429, Parr 72.) Ihre Argumente für das Dasein der Materie sind unhaltbar. Sie setzen meist das probandum voraus. Dies ist für Collier auch ein Beweis wider das Dasein der äusseren Welt, dass jene Philosophen eben nach ihren eignen Lehren die Materie für ein Nichts erklären müssen.

§ 31. Einwürfe zum zweiten Hauptteil.

Nach den neun Beweisen für die Unmöglichkeit der Existenz einer unsichtbaren äussern Welt erörtert Collier einige Einwürfe gegen seine Lehre.

Erster Einwurf.

Ist das Dasein einer äusseren Welt nicht durch die heilige Schrift bezeugt? Collier verneint dies und tritt zunächst Malebranche entgegen, der aus dem bekannten Anfang der Genesis den Schluss gezogen hat, dass die Körperwelt, weil sie vor dem Menschen geschaffen sei, nicht bloss „in der Seele" des Menschen existieren könne. Da Malebranche gemäss seiner sonstigen Lehre die äussere Welt für unsichtbar hält, so kann er nach Collier jene Schriftstelle zu dem gedachten Zwecke nicht benutzen. Denn dieselbe würde höchstens das äussere Dasein der sichtbaren Welt bezeugen, also widerstreitet sie der Lehre Malebranches ebenso sehr, wie derjenigen unseres Autors selbst und darf deshalb nicht als besonderer Gegengrund gegen letzteren gelten. Aber das äussere Dasein der sichtbaren Welt wird in der genannten Schriftstelle garnicht einmal gelehrt. Alles daselbst Gesagte lässt sich vielmehr mit der Leugnung der äussern Existenz sehr gut vereinigen. Dass Himmel und Erde die Geschöpfe Gottes seien, wird von dieser Leugnung garnicht berührt, die gerade die Abhängigkeit der Welt klarer herausstellt als die gegenteilige Auffassung. Bedeuten ferner die Worte „Im Anfang", wie einige Interpreten meinen, „durch und in dem Sohn" („der sehr oft in der heil. Schrift diesen Namen führt, nämlich „Anfang" heisst") (Esch. 437, Parr 78), so ist die Annahme einer äusseren Welt mit dieser Erklärung gänzlich unvereinbar.

Die Existenz der Welt vor Adam lässt sich dahin verstehen, dass die Welt in Gott, vielleicht auch in den Geistern der Engel zuerst ins Dasein gerufen wurde. Wollte es jemand urgieren, dass „den Himmel und die Erde" doch auf denselben Himmel und dieselbe Erde hinweise, die nachher Adam wahrnahm, so ist vor allem nicht sicher, ob Moses dies wirklich damit habe sagen wollen. Und wäre es auch seine Meinung, so nennen wir häufig dasjenige dasselbe, was ähnlich ist. Also widerstreitet nichts in der besagten Schriftstelle mit der Leugnung einer äusseren Welt. Collier begnügt sich mit diesem negativen Resultat und verzichtet darauf, positive Instanzen aus der heil. Schrift zu seinen Gunsten geltend zu machen.

§ 32. Zweiter Einwurf.

Soll man nicht der „starken und natürlichen Neigung" aller Menschen folgen und das Dasein einer äusseren Welt annehmen? Diese Frage wurde schon im dritten Einwurf des ersten Hauptteils besprochen. Descartes hatte sich nämlich besonders hierauf berufen. Meinte er nun damit das Dasein einer sichtbaren äussern Welt zu begründen, so wurde er schon an dem genannten Orte widerlegt. Soll jedoch eine unsichtbare äussere Welt verstanden werden, so ist seine Ansicht hier zu erwägen. Sie fällt schon durch die einfache Bemerkung dahin, dass eine natürliche Neigung zum Glauben an eine äussere Welt, „davon wir nicht das allergeringste wissen und die unsichtbar ist", garnicht besteht. Dazu kommt noch der Widerspruch, der schon früher berührt wurde und dessen sich, wie Collier hier erwähnt, ausser Descartes auch Norris schuldig macht, dass beide nämlich sonst gegen die natürliche Neigung kämpfen und dieselbe doch schliesslich zum Stützpunkt ihrer Argumentation für das äussere Dasein der Welt machen.

Dem thatsächlich bestehenden natürlichen Drange, die sichtbare Welt als ausser uns zu betrachten, könnten wir nachgeben und der damit übereinstimmenden Sprachgewohnheit folgen, wenn wir nur immer die Wahrheit dabei festhielten.

§ 33. Als dritter und letzter Einwurf kommt endlich eine Äusserung von Norris zur Sprache, wonach es „eine offenbare Zweifelei sein soll, wenn man im Ernst zweifeln oder die Untersuchung anstellen wollte, ob die Welt in der That ausser uns da sei oder nicht." (Esch. 445, Parr 83.) Collier hebt vor allem hervor, dass Norris thatsächlich nur die natürliche Neigung für seine Behauptung anführen kann, ein Beweisgrund, der sich schon früher als nicht stichhaltig herausstellte. Demnach wäre es eher Skepticismus zu nennen, wenn jemand trotz klarer Argumente gegen das Dasein der äussern Welt dasselbe „aus Furcht ein Zweifler zu werden" dennoch aufrecht erhielte. Die einschlägigen Stellen bei Norris zeigen zudem, dass derselbe das Dasein der sinnlich wahrnehmbaren Welt überhaupt im Auge hat. Der ganze Einwurf träfe demnach nicht Collier, der nur das äussere Dasein einer sichtbaren Welt leugnet. Sollte Norris wirklich an den betreffenden Stellen eine äussere Welt im Sinne haben, so müsste er sich selbst widersprechen.

§ 34. Zum Schluss will Collier die Konsequenzen

und den Nutzen seiner Abhandlung herausstellen. Er bleibt aber bei allgemeinen Andeutungen und Versicherungen des hohen praktischen Wertes, den seine Abhandlung hätte.

§ 35. Gesamturteil über die Clavis universalis. Collier hat in seiner Clavis universalis mit grosser Schärfe und Präcision den Fundamentalsatz des subjektiven Idealismus vertreten. Dass er sich nicht frei von Inkonsequenzen und sachlichen Irrtümern gehalten hat, hängt mit dem subjektiven Idealismus überhaupt zusammen und macht sich auch bei andern Darstellungen dieses Standpunktes bemerkbar. Anzuerkennen ist vor allem die grosse Fülle des Materials, das Collier zum Beweise seiner These beigebracht und scharfsinnig verarbeitet hat. Man könnte ihn den Zeno unter den subjektiven Idealisten nennen. Nicht vergessen seien so manche genialen Ahnungen, die sich bei ihm finden, ich erinnere nur an seine mit überraschender Klarheit ausgesprochene Einsicht in die transscendentale Bedeutung der Raumanschauung.

Vita.

Ich, Arnold Christian Felix Kowalewski, bin am 27. November 1873 zu Sallewen im Kreise Osterode in Ostpreussen geboren und evangelischer Konfession. Meine Schulbildung genoss ich auf dem Progymnasium zu Löbau in Westpreussen und auf dem Königl. Gymnasium zu Graudenz. Von Ostern 1892 ab studierte ich Philosophie, klassische Philologie und Mathematik in Jena, Berlin, Königsberg und Greifswald. Vorlesungen hörte ich bei folgenden Herren:

in Jena: bei Delbrück, Eucken, Haeckel, Hirzel, Liebmann.

in Berlin: bei A. Baginsky, Dessoir, Diels, Döring, Gad, Goldner, Knoblauch, Lasson, Paulsen, Runze, Simmel,

in Königsberg: bei F. Cohn, Eberhard, Erler, Gercke, Hermann, D. Hilbert, Ludwich, Minkowski, Prutz, Schade, Staeckel' Thiele, Volkmann, Walter,

in Greifswald: bei Gercke, Rehmke, Richarz, Schuppe.

In Königsberg war ich zwei Semester lang Mitglied des philologischen Proseminars. An philosophischen Übungen beteiligte ich mich in Königsberg und Greifswald.

Thesen.

I.
Bei Beurteilung der Beweise für die Realität der Aussenwelt ist vor allem darauf zu achten, in welchem Sinne Aussenwelt behauptet wird, und ob dieser Sinn konsequent festgehalten wird.

II.
Die abstrakte Natur aller unserer Willensinhalte ist für die Ethik fundamental.

III.
Platons Lehre von der περιαγωγή ist in ihrer tiefen philosophischen Bedeutung noch nicht genügend gewürdigt worden.